Die Familie
Boxwood

Holly Pond Hill

Küchen ABC

Das Kochbuch für Kinder

mit Illustrationen von Susan Wheeler

Wunderhaus

Inhalt

In der Küche

Küchen-ABC

IN DER KÜCHE

Ein köstliches Geheimnis

Meine lieben Freunde, natürlich kennt ihr mich bereits. Ich möchte euch dennoch daran erinnern, dass ich Emily heiße, schon zur Schule gehe und gerne Bücher lese. Ich habe einen rastlosen, gefräßigen Bruder, Oliver, und eine kleine Schwester namens Violetta sowie eine Mutter und einen Vater. Wir sind Hasen und leben in einem schönen Ort namens Holly Pond Hill. Von einigen Menschenfreunden weiß ich, dass ihr ziemlich ähnlich lebt wie wir: Ihr besucht euch gegenseitig, trinkt Tee, erntet, lernt und arbeitet ... und kocht. Doch obwohl wir viele Gemeinsamkeiten haben, besitze ich etwas, was noch keiner hatte und das ist ein großes Geheimnis.

Ich erfuhr davon, als Oliver und ich den Dachboden sauber machten. Ich hatte mich freiwillig dafür gemeldet. Mein Bruder musste es zur Strafe machen, und zwar dafür, dass er sein Zimmer eine Woche lang nicht aufgeräumt hatte. Als Mutter unter seinem Bett seine Socke in einer Teetasse, die sie lange gesucht hatte, fand, war das der Tropfen, der das Fass zum Überlaufen brachte. Oliver schien jedoch nicht einmal daran zu denken, mir zu helfen, sondern alberte nur herum.

„Hallo, Emily! Schau, was ich kann!“ Er kletterte auf einen Stapel Kartons, plusterte sich auf und streckte dann sein Hinterbein aus. „Ich bin eine Schwalbe!“

„Wenn du mich fragst, eher eine etwas unansehnliche Eule“, antwortete ich.

Lange schaffte es Oliver aber nicht und stürzte bald in einer Staubwolke zu Boden. Und die Kisten auf ihn drauf.

Ich kicherte. „Und so etwas passiert, weil du nicht hilfst: Das ist ausgleichende Gerechtigkeit!“

„Wo hast du schon mal so eine verstaubte Gerechtigkeit gesehen?“ Oliver verzog das Gesicht. Aber ich hörte nicht zu, denn ich hatte gerade getrocknete Möhren gefunden – sie landeten gleich im Müll – und betrachtete das Herbarium aus schönen Blumen in einem alten, vergilbten Album.

„Emily, sieh dir das nur an!“

„Ich habe keine Zeit, dich anzuschauen. Ich räume auf, im Gegensatz zu manch anderem.“

„Na gut, dann esse ich es eben allein. Es ist so lecker!“

„Was willst du denn essen?“ Ich stürzte voller Angst zu ihm. Wenn Oliver hungrig ist, und zwar so richtig hungrig, kann er alles essen. Sogar eine Socke. Oder eine Spinne. Aber da es auf dem Dachboden keine Socken gab …

„Halt! Nicht essen. Spinnen sind nicht lecker! Nicht einmal essbar!“, schrie ich.

„Welche Spinnen?“, fragte Oliver überrascht. Erst dann bemerkte ich, was er in seinen Händen hielt. Es war keine Spinne. Es war ein Buch!

„Dieses Buch war das letzte, was auf mich purzelte“, erklärte Oliver. „Und es war ein Geschenk des Himmels! Oder vielmehr des Dachbodens. Und es sind Buchstaben drin. Besonders mag ich K wie Keks. Es ist soooo köstlich, mir läuft schon das Wasser im Mund zusammen …“

Oliver öffnete seinen Mund weit und versuchte, die Ecke des Buches mit dem großen, leckeren K-Buchstaben abzubeißen. Schnell entriss ich ihm das Buch aus seinen frechen Pfoten und las:

KÜCHEN-ABC: Das Kochbuch für Kinder

„Oh, Oliver, das ist das Buch von Urgroßmutter Charlotte! Mit jeder Menge köstlicher Rezepte. Und das Beste daran ist, dass wir das alles selbst zubereiten können.“

„Juhu“, freute sich Oliver. „Gut, dass ich es nicht aufgegessen habe!“

Also gingen wir runter in die Küche, um das Buch abzustauben und vor Mama mit unserem wunderbaren Fund zu prahlen.

Denkt nicht, dass es nur irgendein Buch ist. Es ist eine Fundgrube für köstliche Rezepte, denn die Urgroßmutter Charlotte war die berühmteste Köchin von Holly Pond Hill. Sie hielt ihr geschätztes Buch mit Kinderrezepten sehr gut versteckt. Doch nun fiel dieses Geheimnis buchstäblich direkt auf den Kopf unserer Familie.

Deshalb habe ich beschlossen, es mit euch zu teilen: ein Geheimbuch mit Rezepten für jeden Tag und für jeden Buchstaben!

Küchenzubehör

Es gibt viele Dinge, die dabei helfen, ein schmackhaftes Essen zuzubereiten. Einige von ihnen sind sehr wichtig und man kann nicht auf sie verzichten. Andere können durch eure eigenen Hände ersetzt werden. Und jetzt steht schon das gute Essen auf dem Tisch. Aber wie soll man all diese Gabeln und Löffel auslegen, um keinen Fehler zu machen? So geht das:

- Das Messer und der Suppenlöffel liegen immer rechts neben dem Teller, die benutzt man mit der rechten Hand.
- Die Gabel liegt immer links neben dem Teller, denn sie wird mit der linken Hand gehalten.
- Gibt es auch einen Nachtisch? Dann gehört das Dessertbesteck oben an den Tellerrand. Der Griff der kleinen Kuchengabel guckt dabei nach links und der Griff des Dessertlöffels nach rechts.

Kochmütze
Schüssel
Kochtopf
Pfanne
Nudelholz
Topfhalter
Kelle
Salzstreuer
Ofenhandschuh
Handtuch
Messbecher
Backpinsel
Palette
Teigschaber
Kochlöffel
Schneebesen
Schneidebrett
Sieb

Eine Tee-Party

Tee! Allein das Wort hat die Kraft, Herzen zu erwärmen. Ein schlechter Tag kann mit einer heißen Tasse Tee in der Hand zu einem sehr guten werden. In Holly Pond Hill trinkt jeder einen Nachmittagstee, wahrscheinlich ist das der Grund unserer guten Laune. Damit die hohe Kunst der Teeparty nicht verloren geht, erzähle ich dir, wie man alles richtig macht.

Versende Einladungen. Manchmal rufe ich einfach Freunde an und sage „Bitte komm zum Tee“, aber eine handgeschriebene Einladung auf hübschem Papier macht den Anlass noch spezieller.

Vier Uhr ist die traditionelle Zeit für den Tee: weit nach dem Mittagessen, zu früh für das Abendessen.

Kleide dich elegant, aber einfach. Vielleicht möchtest du auch eine Kostüm-Teeparty ausprobieren, bei der du

und deine Gäste die schönsten Kleider mit Spitzen und Anzüge tragt, die ihr besitzt. Gäste dürfen Hüte tragen, die Gastgeber jedoch nicht. Schmücke den Tisch mit Blumen und Kerzen, verwende das schönste Geschirr, die zierlichsten Servietten. Dein Tisch soll eine Augenweide sein.

Brühe den Tee direkt am Tisch und gieß ihn immer für deine Gäste ein.

Stell auch Vollmilch, Zucker, Honig und Zitronenscheiben auf den Tisch.

Ein traditioneller Tee besteht aus drei Gängen: Sandwiches, Brötchen und Desserts. Winzige, dreieckige Sandwiches mit Käse, Gurke, Ei oder Thunfischsalat sind immer ein Genuss. Brötchen werden am besten mit Marmelade und Butter serviert. Muffins, Beeren und Kekse passen sehr gut als Dessert.

Dein Wasserkocher sollte in der Küche immer beschäftigt bleiben.

Viel Spaß bei eurer Tee-Party!

Mülltrennung

Die Feier ist zu Ende? Doch was liegt hier überall in der Küche? Geschenkpapier, bunte Dekorationen, dreckige Teller und viel, gaaanz viel Müll. Wohin damit? Na, dafür gibt es verschiedene Mülltonnen! Warum so viele? Damit der Müll nicht miteinander streitet, hat jede Müllart ihr eigenes Zuhause.

Und was, wenn du ganz viele Geschenke bekommen hast und für dein altes Spielzeug schon zu groß geworden bist? Das ist nicht schlimm: Das alte, aber gute Spielzeug kannst du verschenken, denn es gibt ja Viele, die bestimmt weniger haben als du.

Die Sachen, die dir nicht mehr passen, gehören in den Altkleidercontainer. So werden sie ein zweites Leben bekommen und bringen bestimmt noch lange Zeit viel Freude.

DIE BLAUE TONNE* ist für Papier und Pappe. Nachdem es dort landet, verwandelt es sich in neues Papier und Verpackung.

DIE GELBE TONNE oder der gelbe Sack sind etwas vielseitiger. Da gehören Plastik, Kunststoff und Metall hinein. Später werden diese zu Kunststoff weiterverarbeitet.

Der Glasmüll kommt in die große **CONTAINER**: weiß für transparentes Glas, grün für rotes, blaues und gelbes Glas und braun – für das Braune.

DIE BRAUNE TONNE ist für die Pflanzen- und Essensreste.
Alles, was da hingehört, nennt man Biomüll. Der Biomüll ist eigentlich gar kein Müll, weil er später zu Erde wird! Er gehört also entweder in die braune Tonne oder auf den Kompost.

DIE SCHWARZE TONNE ist für alles andere.
Das wird Restmüll genannt. Es sind solche Abfälle, die nicht wiederverwertet werden können.

* manchmal ist die Altpapiertonne nicht blau, sondern grün.

KÜCHEN ABC

TEA
EARL GREY
SUPREME
Dear Friend

Warnung und ein wenig Zauberei

Meine lieben Freunde, ich muss euch warnen, denn ich weiß, ihr seid neugierige Ausprobierer. Das bin ich auch. Obwohl wir schon fast erwachsen sind, sollten wir doch die echten Erwachsenen um Hilfe beim Kochen bitten. Glaubt mir, es macht die Arbeit viel leichter und bringt auch *den Großen* einen *großen Spaß*!

Die Erwachsenen werden alles bereitstellen und auch zur Aufsicht dabeibleiben. Aber das ist noch nicht alles, denn Kochen ist ein bisschen wie Magie. Damit der Zauber gelingt, brauchen wir auch drei Z, und zwar: Zutaten, Zubehör, Zubereitungsanleitung.

Und natürlich brauchen wir auch einen Zauberspruch. Macht mit!

Ich wasch mir die Pfoten,
denn Dreck ist verboten.
Die Schürz ist gebunden.
Und los, eins-zwei-drei!

Beim Ofen und Herd,
so wurd ich gelehrt,
da ruf ich den Papa,
für mich hat er Zeit.

Beim Eieraufschlagen
will ich nicht verzagen.
Ich frag meine Mama,
sie hilft mir dabei.

Ob Kekse, Pizza, süßer Brei:
Das ist keine Hexerei!
Dreimal Z, die brauch ich bloß.
Bin schon fertig, jetzt geht's los!

Emily Boxwood

Apfelkuchen

1. 180 g Mehl
2. 0,5 TL Zimt
3. 1,5 TL Backpulver
4. 85 g Butter (Zimmertemperatur)
5. 175 g Zucker
6. 1 Ei
7. 120 ml Milch
8. Etwas Mehl für die Form
9. Etwas Zimt und Zucker zum Bestreuen
10. 2 mittelgroße Äpfel

Zubereitung

1. In einer Schüssel Mehl, Zimt und Backpulver mit einem Schneebesen gut zusammenmischen. In einer anderen Schüssel oder großen Tasse zimmerwarme Butter und Zucker mit einer Gabel verrühren und mit einem Mixer bei hoher Geschwindigkeit gut schlagen.

2. Ein Ei hinzufügen — wieder schlagen, dann die Milch dazu — und wieder schlagen. Dann alles in die Schüssel mit der trockenen Mischung geben und mit einem Spatel zusammenrühren.

3. Die Backform mit Butter bestreichen und mit etwas Mehl bestäuben. Die Äpfel in Scheiben schneiden, aber nicht zu dünn. Den Teig in die Form gießen und die Apfelscheiben darauflegen. Etwas Zimt und Zucker zusammenmischen und über den Kuchen streuen.

4. Im vorgeheizten Ofen bei 180°C (Ober- und Unterhitze) 15 Minuten backen, dann die Temperatur auf 160°C stellen und weitere 60 Minuten backen. Den Kuchen anschließend in der Form abkühlen lassen und erst dann herausnehmen. Am besten mit leicht geschmolzenem Eis servieren.

SÜSS	★★☆	30 MINUTEN	75 MINUTEN	8 PORTIONEN

Wenn du die Äpfel verschiedener Sorten nimmst, zum Beispiel süße und saure, wird der Kuchen noch besser schmecken.

Bunte Pizza

Zutaten Belag

1. 2 EL Olivenöl
2. 350 g passierte Tomaten
3. 2 EL Pizzagewürz
4. 400 g geriebener Käse
5. Nach Belieben: Brokkoliröschen, Paprika in Spalten, Schinken, Salami, Ananas (gut abgetropft), Pilze, ...

Zutaten Teig

1. 500 g Mehl
2. 1 Würfel frische Hefe (42 g)
3. 250 ml lauwarmes Wasser
4. 2 EL flüssiger Honig
5. 1 TL Salz

HERZHAFT	★★☆	30 MINUTEN	60 MINUTEN	8 PORTIONEN

Pizza mögen Jung und Alt. Das Beste daran: Man kann sie ganz nach dem eigenen Geschmack belegen. So bereitet ihr sie in insgesamt etwa 90 Minuten zu:

Zubereitung

1. Die Hefe und den Honig in einer kleinen Schüssel mit dem lauwarmen Wasser verrühren.

2. Mehl und Salz in eine große Schüssel geben. Nun das Hefe-Wasser dazu schütten und die Zutaten mit dem Mixer zu einem glatten Teig verkneten. Zum Schluss den Teig noch kurz mit den Händen kneten und zu einer Kugel formen. Die Schüssel mit einem Tuch abdecken und den Teig an einem warmen Ort etwa 40 Minuten gehen lassen.

3. In der Zwischenzeit das Gemüse waschen und wie die anderen Zutaten in mundgerechte Stücke schneiden.

4. Am Ende der Gehzeit den Backofen auf 240°C Ober-/Unterhitze vorheizen.

5. Beide Backbleche mithilfe eines Pinsels mit Olivenöl einstreichen. Nun jeweils eine Hälfte des Teiges auf den Blechen ausrollen. Mit einem Löffel die passierten Tomaten auf den Teig streichen und dann gleichmäßig das Pizzagewürz darauf streuen.

6. Als nächstes den Reibekäse auf dem Teig verteilen und anschließend die Zutaten auf den Käse legen.

7. Wenn der Ofen vorgeheizt ist, zunächst das erste Backblech auf die unterste Schiene des Backofens schieben und die Pizza etwa 20 Minuten backen. Das zweite Blech kann in den Ofen, während ihr das erste gemeinsam genießt.

Ersetze einen Teil des Reibekäses durch Mozzarella und gib nach dem Backen etwas geriebenen Parmesan auf die Pizza. Du wirst überrascht sein, wie anders das schmeckt!

Immer diese Ordnung!

Mama Boxwood hatte gerade das Haus verlassen. Was sie aber nicht wusste, war, dass Emily, Violetta und Oliver sie versteckt hinter den Vorhängen beobachteten.

Oliver flüsterte: „Seht mal, Mama ist gerade mit dem Fahrrad losgefahren und da sie sich mit ihrer Freundin zum Kaffee trifft, haben wir jetzt alle Zeit der Welt!“

Emily und Violetta nickten zustimmend. Endlich hatten sie Sturmfrei und konnten ihren lang gehegten Plan, ein Überraschungsessen für Mama zu kochen, umsetzen.

Oliver sah die beiden Schwestern mitleidig an. „Das ist ja gut, dass ihr kochen in der Schule und im Kindergarten lernt", ärgerte er seine Schwestern, „da könnt ihr mir, dem Meisterkoch, gerne helfen, das beste Essen der Welt zu machen!“

Emily musste laut lachen: „Wie bitte, Oliver? Du und ein Meisterkoch? Wo willst du das denn gelernt haben?“

Oliver sah seine Schwestern empört an: „Ihr habt wohl vergessen, dass ich der weltbeste Esser bin und dass Mama mich ihren Schmecklecker, ihren Feinschmecker nennt!“

Emily holte tief Luft und verkniff sich ein Lachen. „Dass du gerne isst, ist das Eine, aber dass jemand, der gerne und viel isst, auch gleich ein guter Koch ist, wage ich zu bezweifeln.“

Oliver tat so, als hätte er seine Schwester nicht verstanden und ging leise grummelnd runter in die Küche.

„Ich und nicht kochen können, pah!“

In der Küche stellten sich die Kinder die Zutaten für einen tollen Zucchinikuchen auf die Arbeitsfläche.

Oliver ging an die Besteckschublade und wollte schon die Zucchini reiben, als ihm Emily zurief: „Oliver, zuerst musst du die Arbeitsfläche ordentlich putzen, dann wird die Zucchini auch abgewaschen und auf die saubere Arbeitsfläche gelegt.“

„Warum denn das?“, maulte Oliver und wollte schon anfangen, die Frucht zu reiben.

„Weil an der Arbeitsfläche und an der Zucchini kleine, unsichtbare Schmutzpartikel sein können, die man auch Bakterien nennt. Wenn die im Essen sind, kann das ganz böse Bauchschmerzen geben“, erwiderte Emily.

Mit Bauchschmerzen kannte sich Oliver aus und die fand er nicht so schön. „Woher willst du das denn wissen?“

Emily lächelte Oliver an und zeigte auf das Buch: „Das steht alles in dem Kochbuch, du Meisterkoch!“

Nachdem Oliver die Arbeitsfläche und die Zucchini gereinigt hatte, begann er die Zucchini zu raspeln. Auf einmal stöhnte er auf, er hatte beim Raspeln einen Augenblick nicht aufgepasst und sich an der Reibe geschnitten.

Violetta sah ihren Bruder erschrocken an und rief ihre Schwester Emily, die sich die Bescherung ansah: „Komm mit zum Waschbecken, wir müssen die Wunde unter fließendem Wasser sauberspülen, damit sie sich nicht entzündet."

Emily strich ihrem Bruder beruhigend über den Kopf, der tapfer seine Tränen unterdrückte. Nicht etwa, weil die Wunde wehtat, sondern weil er sich erschrocken hatte.

„Verstehst du nun, warum die Küche immer sauber sein muss?", fragte Emily. „Du hast zwar jetzt eine Wunde, aber weil die Küche sauber war, wird sie sich nicht so schnell entzünden und nur ein wenig wehtun."

„Ja, das stimmt", sagte Oliver. Er erinnerte sich noch gut an einen Unfall mit seinem Taschenmesser. Damals hatte er im Garten Holz geschnitzt und sich dabei geschnitten. Er selbst hatte zwar keinen Dreck gesehen und doch wurde die Wunde nach ein paar Stunden feuerrot und tat höllisch weh.

Sein Papa, der Doktor, hatte ihm damals erklärt, dass unsichtbare Bakterien an dem Holz und dem Messer waren, die diesen Schmerz verursacht hatten.

Nach einer Stunde hatten die Kinder den Kuchen fertig gebacken und stellten ihn auf den Tisch. Als kurz darauf ihre Mutter Victoria nach Hause kam, schlug sie ihre Hände über dem Kopf zusammen: „Um Himmels Willen, was ist mit meiner Küche passiert?"

Die Kinder riefen wie aus einem Mund: „Wir haben einen Zucchinikuchen gebacken!"

Victoria kniff ein Auge zu, sonst hätte sie laut lachen müssen. „Aha, der Kuchen ist fertig und die Küche ist explodiert?"

Violetta und Emily umarmten ihre Mutter, während Oliver weise sagte: „Aber vor dem Backen haben wir wegen der Bakterien die Küche blitzeblank geputzt."

Victoria Rose sah Oliver mit offenem Mund an: „Ihr habt vorher geputzt?"

„Ja, wegen der Hyäne", rief die kleine Violetta stolz.

„Dann muss ich wohl den Tierfänger rufen", schmunzelte Mama. Sie sagte: „Du meinst sicher Hygiene. Aber zur Sauberkeit gehört auch, dass man nach dem Backen auch wieder alles sauberputzt! So, und jetzt helft mir aufräumen!"

Nachdem die Küche wieder sauber war, ließ sich Familie Boxwood den saftigen Kuchen schmecken.

Cookie-Träume

1. 280 g Dinkelmehl
2. 1 TL Backpulver
3. 1 Prise Salz
4. 180 g Butter (flüssig)
5. 120 g brauner Zucker
6. 140 g weißer Zucker
7. 1 EL Vanilleextrakt
8. 1 Ei
9. 350 g grob gehackte Schokolade (gerne einen Mix aus Voll- und Zartbitterschokolade verwenden)

SÜSS

★☆☆

40 MINUTEN

15 MINUTEN

20 PORTIONEN

Zubereitung

1. Die Schokolade grob mit einem Messer hacken (oder einfach Schokodrops verwenden), dann Dinkelmehl, Backpulver und Salz in eine Schüssel sieben.

2. Butter in der Mikrowelle oder im Wasserbad schmelzen und den Backofen auf 170°C Ober- und Unterhitze vorheizen. Flüssige Butter und Zucker mit dem Mixer verrühren, bis sich der Zucker aufgelöst hat (ca. 2-3 Minuten).

3. Anschließend Vanilleextrakt und ein Ei dazugeben und aufschlagen, bis der Teig heller wird. Die Mischung aus Mehl, Backpulver und Salz kurz unter den Teig rühren. Die gehackte Schokolade mit dem Teigschaber gleichmäßig unter den Keksteig heben.

5. Mit 2 Teelöffeln große Kleckse (ca. 3 cm Durchmesser) mit ca. 3 cm Abstand auf dem mit Backpapier ausgelegten Backblech verteilen. (Kleiner Tipp: nicht mehr als 12 Chocolate Chip Cookies pro Blech, da sie beim Backen auseinanderlaufen und sonst aneinander backen).

6. Die Chocolate Chip Cookies ca. 15 Minuten bei 170°C backen. Da Backöfen unterschiedlich sind, solltest du nach 12 Minuten einen Blick in den Backofen werfen: Sind die Cookies am Rand leicht gebräunt, sind sie fertig und können herausgeholt werden. Auch wenn sie in der Mitte noch roh wirken, "backen" sie auch außerhalb des Ofens noch nach und werden so genau richtig.

7. Die Cookies auf dem Abkühlgitter gut auskühlen lassen und anschließend in einer Blechdose aufbewahren und die einzelnen Cookie-Schichten mit Backpapier trennen.

Drachenkuchen

Zutaten Kuchen

1. 250 g weiche Butter
2. 150 g Zucker
3. 1 Päckchen Vanillezucker
4. 4 Eier
5. 250 g Dinkelmehl
6. 1 Päckchen Backpulver
7. 1 Prise Salz
8. 175 ml Milch

Zutaten Deko

1. Zuckeraugen
2. rosa Deko Melts
3. rosa Esspapier für die Drachenflügel
4. Brause-Ufos
5. Mini-Baiserdrops (Schokolinsen funktionieren natürlich auch!)
6. Zuckerstift

Zubereitung

1. Als erstes die Kastenform einfetten und den Backofen auf 175°C Ober-/Unterhitze vorheizen.

2. Anschließend die weiche Butter mit dem Handmixer in der Rührschüssel schaumig rühren. Zucker und Vanillezucker hinzugeben und weiter rühren.

SÜSS | ★★★ | 60 MINUTEN | 60 MINUTEN | 12 PORTIONEN

3. Eier nach und nach zur Butter-Zucker-Mischung geben und alles gut vermengen. Anschließend Mehl, Backpulver und Salz in einer separaten Schüssel mischen, portionsweise unter die Butter-Zucker-Ei-Mischung geben und zu einem glatten Teig vermengen. Zum Schluss die Milch unterrühren.

4. Den Teig in die gefettete Kastenform geben und für ca. 50 Minuten bei 175°C Ober-/Unterhitze backen (immer eine Stäbchenprobe machen).

5. Nach dem Backen kühlt der Kuchen zunächst 10 Minuten aus und wird anschließend vorsichtig aus der Kastenform auf das Abkühlgitter gestürzt. Dort vollständig auskühlen lassen.

Die Drachenflügel mit einem scharfen Messer oder einer Schere aus dem Esspapier herausschneiden und anschließend zur Seite legen.

6. Die Deko Melts nach Herstellerbeschreibung schmelzen und den Kastenkuchen sorgfältig damit bestreichen.

Die Flügel aus Esspapier mittig in den Kastenkuchen stecken und die Augen an einem Ende des Kuchens dekorieren. Für den Drachenkamm Brause-Ufos senkrecht in einer Linie über die gesamte Länge des Drachenkuchens stecken. Mit den Mini-Baiser-Drops oder Schokolinsen anschließend noch die schuppige Haut des Drachens nachbilden.

Zum Schluss mit dem Zuckerstift dem Drachen noch ein freundliches Gesicht (Wimpern, Nase und Mund) aufmalen.

Erdbeer
WÖLKCHEN

1. 250 g Speisequark
2. 100 ml Sonnenblumenöl
3. 80 g brauner Zucker
4. 250 g Dinkelmehl
5. 1 Päckchen Vanillezucker
6. 0,5 Päckchen Backpulver
7. 10 mittelgroße, frische Erdbeeren

SÜSS	★☆☆	30 MINUTEN	25 MINUTEN	10 PORTIONEN

Schönen, süßen Erdbeerduft
liebe ich so sehr:
Wenn ich ihn von weitem schnuppere,
will ich mehr und mehr!

Oliver Boxwood

Zubereitung

1. Als erstes die Erdbeeren vorsichtig abwaschen. Nachdem sie gut abgetropft sind, den Strunk und die Blättchen entfernen. Nun die Erdbeeren in kleine Würfel schneiden und in einem Schüsselchen kurz zur Seite stellen.

2. Im nächsten Schritt alle Zutaten für die Wölkchen (bis auf die Erdbeerwürfel) in eine Rührschüssel geben und gut verkneten.

3. Wenn der Teig eine gleichmäßige Masse ergibt, die Erdbeerwürfelchen hinzufügen und vorsichtig und kurz unterheben. Darauf achten, dass sie nicht "zerdrückt" werden.

4. Während der Backofen auf 180°C Ober-/Unterhitze vorheizt, das Backblech mit einem Bogen Backpapier auslegen.

5. Jetzt mit dem Esslöffel 9 – 10 Häufchen des Teigs auf dem Backpapier verteilen. Zwischen den Erdbeerwölkchen sollten ca. 2-3 cm Abstand sein, da sie beim Backen noch etwas aufgehen.

6. Die Erdbeerwölkchen backen ca. 25 Minuten, bis sie goldbraun sind. Denkt bitte daran, eine Garprobe mit einem Holzstäbchen zu machen, da jeder Backofen anders backt.

7. Nach dem Backen die luftigen Erdbeerwölkchen auf dem Abkühlgitter erkalten lassen, bevor sie vernascht werden können.

Eine Erdbeere

Der Tag war wunderbar. Victoria Rose liebte es sehr, wenn die Sonne ihren hübschen, kleinen Garten sanft erleuchtete.

Dann ging sie nach draußen und begann mit großer Freude zu arbeiten – die Erde zu lockern, damit die Pflanzen besser atmen konnten – ja, ja, sie atmen auch! – mit ihrer kleinen Gießkanne den Durst der Pflanzen zu stillen und sie zu düngen. Dünger ist wie Süßigkeiten für Pflanzen: Pflanzen lieben ihn sehr, aber man sollte es auf keinen Fall übertreiben. Ich würde sagen, dass Pflanzen von Dünger Zahnschmerzen bekommen können, aber Pflanzen haben definitiv keine Zähne.

An diesem wunderbaren Tag arbeitete Victoria Rose also in ihrem kleinen Garten, wo alles klein war. Klein, weil sie selbst ein Hase war, und ein Hase sicherlich keine große Schaufel sein Eigen nennt. Heute kümmerte sich Victoria Rose um ihre Erdbeeren. Dieses Jahr waren sie schön groß und rötlich geworden. „Oh, wie viele Erdbeerkuchen werde ich backen, wie viel Marmelade werde ich kochen!“, freute sich Victoria Rose.

Plötzlich unterbrach ein Schrei ihre Gedanken. Es war Sophie, das Nachbarsmädchen. Sie weinte. Und sie weinte so laut, dass die Häsin selbst ganz aufgebracht wurde. „Was für ein Durcheinander!“, dachte sie, „an so einem schönen Tag traurig zu sein, ist einfach ein Verbrechen!“ Und Victoria Rose beschloss, „die Verbrecherin“ zu fangen, aber dafür musste sie sich natürlich zeigen und zu erkennen geben.

Nun muss man wissen, dass die Stadt Holly Pond Hill so gut versteckt liegt, dass sie von außen überhaupt nicht zu sehen ist. Ein kleiner, geheimer Ort, an dem kleine Tiere fast so wie wir Menschen leben. Sollte aber eines der darin lebenden Wesen einmal bei dir auftauchen und dich rufen – keine Angst! Wahrscheinlich will es dich nur kennenlernen.

„Guten Tag, großes Mädchen! Mein Name ist Victoria Rose Boxwood“, stellte sich die Häsin vor. „Komm näher und sag mir, warum du so traurig bist.“

Das Mädchen kam heran und begann sich verwundert umzusehen – plötzlich fand es sich in einem wunderschönen, kleinen Garten wieder, der gerade eben noch gar nicht hier gewesen war. „Hallo“, sie kam zu sich, „mein Name ist Sophie. Und ich bin traurig, weil ich kein Gummibärchen mehr kriegen darf. Aber ich habe nur zehn gegessen! Und meine Mutter sagt, dass die Zähne von Süßigkeiten weh tun werden.“

„Hm“, sagte Victoria Rose, „das stimmt. Aber ich habe da etwas ganz Besonderes für dich.“ Sie führte das Mädchen in die Tiefe des Gartens herein und reichte ihm die größte und rosigste Erdbeere. „Süßes kann schädlich sein, aber auch gesund. Diese Erdbeere schmeckt zum Beispiel definitiv nicht schlechter als ein Bärchen aus Gummi, was auch immer das sein mag.“ Sophie nahm die Erdbeere und stopfte sie sich in den Mund. „Mmmm! Ach, wie lecker! Vielen Dank!“, rief sie aus. „Das ist besser als hundert Gummibärchen!“

„Na, siehst du. Dann komm doch morgen einfach wieder hierher und iss statt zehn Bären – zehn Erdbeeren!“ Victoria Rose zwinkerte ihr zu, und die Sonne lächelte mit ihr.

Fluffige QUARKBÄLLCHEN

1. 200 g Mehl
2. 250 g Magerquark
3. 100 g Zucker
4. 1 Päckchen Vanillezucker
5. 1 Ei
6. 0,5 Päckchen Backpulver
7. 3 EL Milch
8. 4 EL Speiseöl
9. 1 Prise Salz
10. 500 ml Milch
11. 100 g Zucker zum Wenden der Quarkbällchen
12. 200 ml Öl zum Frittieren

SÜSS	★★☆	30 MINUTEN	5 MINUTEN	16 PORTIONEN

1. Ei und Zucker einige Minuten schaumig schlagen. Die anderen Zutaten dazugeben und alles zu einem glatten Teig verarbeiten. **2.** Anschließend Öl in einem hohen Topf erhitzen, bis Bläschen sichtbar werden, dann auf mittlere Hitze runterstellen.

3. Mit zwei Teelöffeln oder mit der Hand Bällchen formen und in das heiße Öl geben.

4. Wenn der Teig zu fest geworden ist, mit leicht bemehlten Händen die Kugeln formen. Keine Sorge: Beim Braten gehen sie noch auf! **5.** Goldbraun 3-4 Minuten ausbacken lassen, dabei mit einem Holzlöffel drehen. Mit einem Schaumlöffel herausnehmen und gut abtropfen lassen. Nachdem sie fertig sind, die Bällchen auskühlen lassen und in Zucker von allen Seiten wenden.

„Violetta, steh auf!", rief Mama Boxwood.
„Ja, Mama, mach ich schon", sagte Violetta, aber sie blieb noch im Bett. Die Quitscheente, der Elefant und natürlich der kleine Mr. Pipsimäuserich waren bei ihr.
„Violetta, es wird Zeit! Raus aus dem Bett!"
„Eine Minute noch", sagte Violetta und spielte weiter.
„Es gibt Quarkbällchen!", tönte es aus der Küche.
„Oh, entschuldigen Sie, Mr. Pipsimäuserich, jetzt wird es ernst. Ich muss nun wirklich aufstehen, denn meine Mama hat ein magisches Wort gesagt.
Quarkbällchen nennt es sich."

Grüne Kekse

ROBIN HOOD

1. 40 g Minzblätter (gewaschen und getrocknet)
2. 220 g Mehl
3. 100 g Zucker
4. 100 g Butter (Zimmertemperatur)
5. 6 EL Puderzucker
6. 1 TL Natron oder Backpulver
7. 1 großes oder 2 kleine Eier

SÜSS	★★☆	30 MINUTEN	80 MINUTEN	10 PORTIONEN

Zubereitung

1. Die Minzblätter entstielen, waschen und trocknen. Weiche Butter und Zucker hinzufügen, mit einem Pürierstab glatt schlagen. Eier dazugeben und alles mit einem Mixer schlagen, bis die Masse heller wird.

2. Mehl mit Backpulver hineinsieben und alles mit einem Spatel mischen. Anschließend mit Frischhaltefolie abdecken (evtl. darin einwickeln) und für 1 Stunde in den Kühlschrank stellen

3. Vom gekühlten Teig nun kleine Stücke abtrennen und zu kleinen Kugeln mit den Händen rollen. Wenn der Teig klebt, kann man die Hände mit Wasser befeuchten.

4. Jede Kugel gut in Puderzucker wälzen und auf einem mit Backpapier ausgelegten Backblech verteilen.

5. Im vorgeheizten Ofen bei 180°C Ober- und Unterhitze 20 Minuten backen lassen.

6. Die fertigen grünen Lebkuchen in einem verschlossenen Behälter aufbewahren: zum Beispiel in einem Glas oder Beutel, so bleiben sie lange weich.

Die grüne Geschichte

„Igitt, was sind das für eklige, grüne Dinger? Pfui Spinne!“, empörte sich Flipsy, das Eichhörnchen.

„Wieso denn eklige?“, wunderte sich Flipsys Vater, der gerade in der Küche stand und das Abendessen zubereitete. „Es ist Salat, das gesündeste und schmackhafteste Essen überhaupt.“

„Aber er ist grün! Und ich bin kein Hase, der grünes Gras frisst. Oliver Boxwood, der Hase, zum Beispiel, der isst alles, was er in die Finger bekommt, und alles schmeckt ihm gut. Aber ich finde alles Grüne einfach *üüh*! Es ist langweilig und bitter. Ich würde lieber etwas Süüüßes essen! Das beste Essen sind Leckereien!“

„Hm“, sagte Papa, „kennst du eigentlich den großen Helden Robin Hood?“

„Nein“, sagte Flipsy nachdenklich. „Wir sind uns noch nie begegnet. Erzähl, erzähl schon!“

Die Augen des kleinen Eichhörnchens begannen zu leuchten und seine Ohren spitzten sich, während es sich darauf vorbereitete, Papas neuer Geschichte zu lauschen.

„Es gibt eine alte Legende über Robin Hood, den Rächer der Unterdrückten und Hüter des Waldes. Er floh aus seinem Schloss und begann in den wilden Wäldern zu leben. Von dort aus konnte er die Reichen, die die Einheimischen schlecht behandelten, leichter überführen. Die Lieblingsfarbe von Robin Hood war grün. Denn der grüne Wald versteckte ihn, und um stark zu sein, aß er zum Mittagessen immer grüne Salatblätter. So wurde er unbesiegbar und ungreifbar. Er stülpte sich sogar eine grüne Kapuze über sein Gesicht, damit ihn niemand erkennen konnte. Manchmal dachte man sogar, es sei gar kein Mensch, sondern bloß ein Baum.

Eines Tages wurde ein königlicher Ball angekündigt. Doch am Tag zuvor gab es im Palast nicht genug Mehl für die Lieblingsbrötchen des Prinzen. Also befahl der gemeine Prinz seinem Sheriff, das Mehl ohne Rücksicht auf Verluste zu beschaffen.

Der böse Sheriff, der Mächtigste in der Gegend, ordnete an, man möge dem örtlichen Bäcker das gesamte Mehl wegnehmen. Woraus sollte er ohne Mehl nur Brot für seine Kunden backen? Er war ruiniert ..."

„Und nun, hat es etwa so geendet? Und der arme Bäcker ist an Hunger gestorben?", unterbrach Flipsy ihn und schluchzte.

„Natürlich nicht! Ich erzähle dir nicht ohne Grund von Robin Hood. Er versteckte sich gerade in einem grünen Gebüsch in der Nähe. Als der Wagen mit dem beschlagnahmten Mehl vorbeifuhr, nahmen Robin und seine Gefährten ihre Bögen und ..."

„Pfeile?", wieder konnte Flipsy es nicht ertragen.

„Falsch! Robin zog dann ein Messer hervor und viele grüne Zwiebeln", erzählte Papa weiter. „Er halbierte die Zwiebeln. Sofort beschossen er und seine Freunde mit ihren Bögen die gesamte königliche Garde und den Sheriff mit den duftenden Zwiebeln. Oh, wie sie weinten!"

„So wie ich weine, wenn ich dir und Mama beim Zwiebelschneiden helfe, ja?"

„Genau, Flipsy! Nun. Während sie bittere Zwiebeltränen weinten und Robin Hood verfluchten, tauschte dieser die Säcke auf dem Wagen aus. Oh, wie schimpfte da der Prinz im Palast, als er statt der Mehlsäcke Säcke mit ... grüner Pfefferminze auspackte! Und darauf stand: *Viele Grüße aus dem Wald*. Habe ich schon erwähnt, dass Robin alles Grüne mochte und seine Stärke dank grüner Salatblätter hatte?

Also, Robin Hood brachte dem Bäcker sein Mehl zurück. Der Bäcker war überglücklich und dankte seinem Retter noch lange. Und als er von dessen Heldentaten hörte, kreierte er ein neues einfaches Gebäck: „Die Robin Hood-Kekse". Als Andenken an den glorreichen Sieg fügte er Pfefferminzkraut hinzu, und die süße Leckerei wurde ... grün! Mmmm und wie lecker sie war! Sie machte den armen Bäcker bald berühmt und reich."

„Wahnsinn! Was für eine tolle Geschichte!", rief Flipsy aus. Seine Augen strahlten. „Ich glaube, Papa, ich mag doch die grüne Farbe, sie ist überhaupt nicht langweilig. Beeil dich mit dem Salat zum Abendessen, ich will auch unbesiegbar und ungreifbar sein wie Robin Hood! Danach backen wir die grünen Kekse und gehen den Wald verteidigen!"

„Das ist eine tolle Idee", stimmte Papa zu und stellte den Salat auf den Tisch. „Guten Appetit, mein Held!"

Heisse Hunde

HOTDOGS ABER ANDERS

1. 1 Fladenbrot
2. 2 Würste
3. 100 g Käse
4. Etwas Pflanzenöl – (zum Braten)
5. Optional: 2 Salatblätter, 1 kleine Gurke, 1 Tomate, Soße

HERZHAFT	★☆☆	15 MINUTEN	3 MINUTEN	2 PORTIONEN

1. Die Würstchen von beiden Seiten leicht einschneiden und in Pflanzenöl von allen Seiten braten. Den Käse auf einer groben Reibe reiben.

2. Als nächstes das Fladenbrot halbieren, eine Hälfte davon nehmen und die Hälfte des geriebenen Käses darauf verteilen. Anschließend eine Bratwurst drauflegen.

3. Für frischen Geschmack kann man optional dünn geschnittene Tomaten ohne Flüssigkeit, Gurken und Salat hinzufügen. Oder alles zusammen.

4. Die Hälfte des Fladenbrots aufrollen, das gleiche parallel mit der anderen Hälfte machen. Ohne Pflanzenöl von allen Seiten bei der schwachen Hitze braten. Aber Vorsicht, sie dürfen nicht verbrannt werden!

5. Mit Ketchup, Senf oder Mayonnaise servieren und mit den Händen essen.

Die Gefahr in der Stadt

Eines Tages wurde Holly Pond Hill von einem großen Wolf heimgesucht. Und wir alle wissen ja, dass ein Wolf gerne ein paar Hasen zum Frühstück frisst und auch gerne mal eine Maus vernascht. Oh, was war das für ein Aufruhr! Die kleinen Tiere waren verängstigt und liefen hin und her. Der Dachs kletterte auf einen Ast und Herr Quakks stieg mitsamt seinem Anzug in den Sumpf, mit einem Strohhalm im Mund, um atmen zu können, wenn er unter Wasser säße. Die Eichhörnchen hatten sich eine stachelige Festung aus Fichtenzweigen und Zapfen gebaut. Nur die Igel hatten es leicht, denn sie haben ja Stacheln, und diese spreizten sie einfach.

Da sagte plötzlich die kleine Violetta Boxwood: „Ich habe eine Idee!" Alle blieben stehen und hörten zu, denn selbst hatten sie ja keine Idee gehabt.

„Lasst uns doch Hunde gegen den Wolf kämpfen lassen!", schlug die kleine Häsin vor.

„Aber wo willst du denn Hunde herbekommen? Und vor allem, ohne, dass sie uns selbst fressen?", fragten die Tiere beunruhigt.

„Wie woher?", wunderte sich Violetta, „aus unserem Rezeptbuch natürlich!"

Gesagt, getan. Und so drehten die kleinen Tiere große Würste aus allem, was sie in ihren Häusern finden konnten. Anschließend brachten die drei stärksten Bewohner der Stadt diese Würste auf den Hügel. Es waren Dr. Boxwood, der Hase, Mrs. Squirrel, das Eichhörnchen, und Mr. Quakks. Dafür stieg er sogar extra aus dem Sumpf und wischte seinen Anzug mit einem Handtuch ab.

Sie wickelten die Würste in Blätterteig ein, steckten Olivenaugen, Paprikazungen und Gurkenohren hinein und stellten die Hunde gut sichtbar auf. Die Würste waren noch heiß und dampften sehr.

In der Abenddämmerung begann der Wolf, sich Holly Pond Hill zu nähern. Plötzlich sah er von weitem auf einem Hügel die riesigen Hunde, die die Stadt bewachten. Sie hatten brennende Augen und versprühten Dampf, der aus ihren Mäulern aufstieg.

„Uuuuuu! Da sind Monster, echte Monster, uuu!", heulte der Wolf und floh so schnell er konnte. Seitdem hat man in der Nähe von Holly Pond Hill nie mehr von Wölfen gehört. In der Stadt wurde anschließend ein Fest gefeiert, und von den Heißen Hunden gab es für alle genug.

Igelkuchen
FÜR STACHELIGE FREUNDE

Zutaten Rührteig

1. 180 g Margarine
2. 3 Eier
3. 80 g brauner Zucker
4. 180 g Dinkelmehl
5. 0,5 Päckchen Backpulver
6. 100 g gemahlene Haselnüsse
7. 1 Päckchen Vanillezucker
8. 0,5 Päckchen Raspelschokolade
9. 0,5 Tasse Milch

SÜSS	★★☆	60 MINUTEN	40 MINUTEN	8 PORTIONEN

Zutaten Deko

1. 100 g Zartbitterschokolade
2. 4 rote Smarties oder M&Ms
3. 8 Zuckeraugen
4. 12 Schoko-Mikado-Stäbe

1. Im ersten Schritt wird der Backofen auf 175°C Ober-/Unterhitze vorgeheizt. Anschließend die Margarine in eine Rührschüssel geben und mit dem Mixer geschmeidig rühren. Als nächstes die Eier einzeln zu der Margarine schlagen und unterheben.

Zubereitung

Zubereitung

2. Als nächstes braunen Zucker und Vanillezucker hinzugeben und so lange rühren, bis sich der Zucker aufgelöst hat.

3. Jetzt Dinkelmehl und gemahlene Haselnüsse hinzugeben und untermixen. Zum Schluss noch eine halbe Tasse Milch und die Raspelschokolade in den Teig geben und ihn ein letztes Mal mit dem Mixer verrühren.

4. Nun den Teig in eine gefettete 20er-Springform füllen und für ca. 30-40 Minuten bei 175°C Ober-/Unterhitze backen. Bitte nach ca. 30 Minuten als Garprobe eine Stäbchenprobe machen, damit ihr sicher sein könnt, dass der Nusskuchen durchgebacken ist. Wenn der Kuchen fertig gebacken ist, wird er vorsichtig aus der Form gelöst und darf auf dem Kuchengitter auskühlen.

5. Derweil 100 g Zartbitterschokolade langsam im Wasserbad schmelzen.

Zum Dekorieren wird der Kuchen nun mit der flüssigen Schokolade bepinselt.

Zum Schluss mit Schokolinsen, Zuckeraugen und Schoko-Mikado-Stäbchen 4 kleine Igel dekorieren: Den Kuchen dafür gedanklich in 4 große Kuchenstückchen aufteilen und die roten Schokolinsen als Nasen an die Spitze des jeweiligen Kuchenstückchens legen. Die Mikado-Stäbchen in jeweils 3 ungefähr gleichgroße Stücke brechen und als Stacheln am Rand des Kuchens verwenden. Die Zuckeraugen als Augen an die roten Schokolinsen - an die Nase - legen und schon ist der Igelkuchen fertig!

Das Igeldenkmal

Im Wald von Holly Pond Hill war wieder einmal so richtig was los. Die bunten Blätter und der starke Wind hatten die Kinder der Stadt zum Spielen nach draußen gelockt. Die einen ließen Drachen steigen, die anderen machten eine Blätterschlacht, auch der kleine Igel Max war dabei. Aber irgendwie war er anders als sonst. Nach einer Weile entdeckte Emily ihren Freund Max alleine auf einem Stein sitzend und ging zu ihm hin.

„Max, warum spielst du nicht mit uns, geht es dir nicht gut?", fragte Emily und nahm Max in den Arm.

„Doch, mir geht es gut, ich bin nur müde", sagte Max und blickte verträumt in die Ferne.

Emily musste lächeln. „Aber Max, das ist nur die Wintermüdigkeit. Ihr Igel schlaft doch den ganzen Winter durch bis zum Frühling", erklärte sie ihm.

Max verstand die Welt nicht mehr, wie sollte er auch? Er war ja erst im Frühjahr geboren worden und hatte somit noch nie etwas von einem Winterschlaf gehört. Das machte ihm schon etwas Angst.

„Aber wenn ich den ganzen Winter über schlafe, dann habt ihr mich alle im nächsten Jahr vergessen!"

Als er das sagte, kullerten ihm ein paar Tränen seine runden Bäckchen herunter.

„Nein, wir vergessen dich nicht!", riefen Violetta und Emily wie aus einem Mund.

„Doch, mein Papa sagt immer, aus den Augen – aus dem Sinn. Das bedeutet nichts anderes, als dass man alles vergisst, was man nicht sieht", schluchzte Max.

„Hm, da könnte etwas dran sein", sagte Emily. Violetta fügte hinzu: „Dann müssen wir eine Erinnerung an Max schaffen, damit ihn niemand bis zum Frühjahr vergisst!"

„Aber wie?" Max war völlig ratlos.

„Ich weiß es!" Erschrocken drehten sich die Drei um, sie hatten gar nicht mitbekommen, dass sich Oliver zu ihnen gesellt hatte.

„Wir bauen Max ein Denkmal, eines zum Essen!“ Oliver strahlte über das ganze Gesicht. Auch Max konnte wieder lächeln, er fand, dass ein essbares Denkmal eine gute Idee war, da auch er gerne aß.

„Aber Oliver, was soll das denn für ein Denkmal sein, das man isst? Wenn es gegessen wird, dann ist das Denkmal ja weg!“ Verständnislos schüttelten Violetta und Emily ihre Köpfe.

Während Max schon wieder einen traurigen Blick bekam, lachte Oliver und rief: „Na, eben nicht! Das ist unser Plan: Wir backen jeden Samstag einen Igelkuchen und das bis zum Frühjahr. Somit kann keiner Max vergessen und schmecken tut es auch noch!“ Oliver fand seine Idee richtig gut und auch Max war sehr davon angetan.

„Im Rezeptbuch von Omi werden wir bestimmt fündig!“, rief Violetta und sprang auf, um nach Hause zu laufen. „Kommt mit, wir backen Max ein Denkmal!“

Nach gut zwei Stunden stand der Kuchen zum Abkühlen auf dem Tisch und die vier Kinder pusteten, was das Zeug hielt, damit sie die Leckerei gleich probieren konnten.

Dann war das Kuchendenkmal endlich fertig und in Windeseile hatten die Vier den Igelkuchen verputzt.

Satt und zufrieden lehnten sie sich zurück und Max strich sich gähnend über den Bauch. Er sagte: „Jetzt bin ich aber richtig müde, ich glaube, ich gehe besser nach Hause, um zu schlafen.“

Oliver lachte und sagte: „Max, an deiner Nase klebt noch Schokolade. Ich verspreche dir, dass wir bis zum Frühjahr jeden Samstag einen Igelkuchen backen werden.“

Müde lächelte Max und sagte: „Danke, meine lieben Freunde, und hebt mir bitte ein großes Stück auf, damit ich gleich etwas Leckeres habe, wenn ich wieder aufwache!“

Johannisbeer-GELEE

1. 1 kg rote Johannisbeeren (ungewaschen)
2. 0,8 kg Zucker

SÜSS	★☆☆	30 MINUTEN	1 TAG	16 PORTIONEN

Ohne Kochen, Backen, Braten ... Köstliches, gesundes, duftendes und schönes Dessert mit nur zwei Zutaten!

1. Rote Johannisbeeren entstielen und waschen. Als nächstes mit einem Stabmixer hacken. Dann die Beerenmasse durchsieben, um die Schalen und Samen zu entfernen.

2. Danach Zucker in den entstandenen Saft geben und 10 Minuten lang ab und zu mischen. Die Beerenmasse weitere 20 Minuten ziehen lassen, dabei gelegentlich umrühren. Der Zucker sollte sich vollständig auflösen und die Mischung sollte anfangen, einzudicken. Das Gelee anschließend auf Gläser verteilen, mit Stoffdeckeln verschließen und kühl stellen. Nach einem Tag härtet es aus und wird mit der Zeit immer dicker. Mit Toast genießen!

Rote Johannisbeeren können auch durch weiße ersetzt oder mit diesen vermischt werden. Das Rezept des saftigen Toast, der dazu perfekt passt, gibt es auf der Seite 72.

Kekse „Hasen“

1. 2 Eigelb
2. 1 Eiweiß
3. 125 g Zucker
4. 75 g Rosinen (können durch getrocknete Kirschen ersetzt werden)
5. Schale von 1 Orange
6. 100 g Butter
7. 200 g Mehl
8. 1 TL gemahlener Zimt
9. 1 Prise Salz
10. Etwas heißes Wasser

SÜSS	★★☆	30 MINUTEN	45 MINUTEN	12 PORTIONEN

Man kann dünne Holzspieße in die Kekse stecken, bevor sie in den Ofen geschickt werden. So können die fertigen „Hasen“ in Schälchen mit Gras gesteckt und so auf dem Ostertisch serviert werden.

Zubereitung

1. Eiweiß vom Eigelb trennen. Butter mit Zucker schlagen, bis eine hellgelbe Masse entsteht. Das Eigelb dazugeben, erneut schlagen.

Der Masse Orangenschale hinzufügen und mit einem Küchenspatel gründlich mischen. Wenn eine Orange übrig bleibt, kann man auch etwas frisch gepressten Orangensaft dazu gießen.

2. Die Rosinen für 5 Minuten in heißem Wasser einweichen. Danach das Wasser abgießen, die Rosinen mit einem Küchentuch trocknen und zu der zuvor zubereiteten Mischung hinzufügen. Mit einem Spatel gründlich mischen.

3. Als nächstes das Mehl durch ein feines Sieb in eine große Schüssel sieben. Gemahlenen Zimt und Salz hinzufügen. Die bereits vorbereitete Masse dazugeben und zu einem glatten, elastischen Teig kneten. In Frischhaltefolie einwickeln und 30 Minuten bei Zimmertemperatur gehen lassen.

4. Anschließend den Teig auf einer bemehlten Arbeitsfläche zu einer 0,5 cm dicken Schicht ausrollen und mit Förmchen Hasen ausstechen.

5. Danach den Ofen auf 180°C vorheizen. Die Figuren auf ein mit Backpapier ausgelegtes Backblech legen, mit Eiweiß bestreichen und mit einer Mischung aus Zucker und Zimt bestreuen. Die Kekse für 15 Minuten backen, bis sie goldbraun sind.

Übrigens:

Wenn sich herausstellt, dass der Teig für Osterkekse nicht elastisch, sondern bröckelig ist, kann man einen EL Milch oder Wasser hinzufügen.

Süß oder nicht süß?

Victoria Rose war etwas gestresst, als sie nach Hause kam. In der Stadt war heute so ein Gewimmel gewesen, dass kein ruhiger und entspannter Einkauf möglich war.

„Ich werde mir jetzt erst mal eine schöne Tasse Tee zubereiten und mich ausruhen“, sagte sie zu sich selbst und setzte den Wasserkessel auf.

Während das Wasser anfing heiß zu werden, stellte sie sich ihre Lieblingstasse, die mit den roten Punkten, auf den Tisch und ging zum Schrank, um sich noch ein Plätzchen dazu zu nehmen. Mama Boxwood hatte am Tag zuvor ihre wunderbaren Kekse gebacken, die wie kleine Hasen aussehen.

Aber als sie die Schranktür öffnete, entfuhr ihr ein lautes „Ach du heiliges Kaninchen!“ Die Dose mit den Plätzchen war ratzeputz leer. Nicht ein Krümel erinnerte mehr daran, dass sie am Morgen noch randvoll gewesen war.

„Oliver, Violetta und Emily, kommt bitte sofort in die Küche!“ Mama Boxwood war stinksauer. Dann hörte sie schon das Trappeln kleiner Füße auf der Treppe. „Ja, Mama, was ist denn?“ Die Kinder sahen ihre Mutter erwartungsvoll an und senkten gleich die Köpfe, als Mama die leere Dose zeigte.

Oliver hatte sich als erster gefasst, lächelte seine Mama an und sagte: „Das kommt bestimmt von der Erderwärmung, die Plätzchen sind einfach verdunstet!“

Mama war über die Antwort so verdattert, was konnte sie denn dazu sagen?

In diesem Augenblick legte Oliver seinen Kopf auf die Seite, sah seine Mutter schräg von unten mit den treuesten Augen an und meinte: „Es könnte aber auch der Wind gewesen sein. Der hat gestern bestimmt gerochen, wie lecker du backen kannst und hat sich die Plätzchen einfach geholt.“

Emily und Violetta mussten laut kichern und Mama sagte lächelnd: „Ja, alles klar und der Wind trug die Namen Oliver, Violetta und Emily Boxwood, denen vom vielen Naschen ganz schön warm geworden war?“

„Ja, so könnte es gewesen sein, Mama“, versuchte Oliver mit ganz ernster Miene zu sagen.

„Ihr Lieben, es freut mich, dass euch meine Plätzchen so gut schmecken, aber zu viel soll man davon nicht auf einmal essen“, sagte Victoria Rose mit strengem Blick.

„Warum denn nicht, wenn es doch soooooo lecker ist?“

„Weil Zucker zwar lecker, aber nicht unbedingt gesund ist. Außerdem könnt ihr davon Bauchweh und Zahnschmerzen bekommen.“

„Bauchweh verstehen wir ja, aber warum werden die Zähne krank?"

„Setzt euch mal hin, das will ich euch erklären“, hörten sie ihren Papa sagen, der ganz unbemerkt nach Hause gekommen war. Und der Papa musste es ja wissen, immerhin ist er der beste Arzt von Holly Pond Hill.

Als die Kinder sich gesetzt hatten, nahm Papa ein Blatt Papier und malte einen Mund mit großen Zähnen und einer rosa Zunge. Dann machte er ganz viele kleine Punkte auf die Zunge und die Zähne und sagte:

„In unserem Mund sind nicht nur die Zähne und die Spucke, sondern auch ganz viele kleine Lebewesen, die wir Bakterien nennen. Die sind wichtig, damit wir unser Essen kauen und verdauen können. Wenn Zucker in den Mund kommt, wandeln die Bakterien den Zucker in Säure um. Die Säure macht den Zahnschmelz, das ist die weiße Farbe der Zähne, weich und dünn. Wenn das zu oft passiert, entstehen irgendwann kleine oder große Löcher, die uns dann weh tun. Und dann muss der Zahnarzt diese Löcher saubermachen und neu verfüllen, damit der Zahn wieder gesund ist.“

„Und wenn wir ohne Zucker backen? Dann kann doch unseren Zähnen nichts mehr passieren“, meinte Emily.

„Ganz ohne Zucker backen kann man sicher“, sagte Mama. „Meist kann man dann stattdessen Honig oder süßes Obst nehmen, aber mit Zucker schmeckt es doch so gut.“ Mama lächelte.

„Zucker kann auch gut sein“, sagte Papa. „Wenn man sich schlapp und kraftlos fühlt, dann gibt er uns neue Energie. Es ist alles nur eine Frage der Menge. Zwei oder drei Plätzchen sind schon okay, aber eine ganze Dose leer zu essen, ist einfach zu viel“, schmunzelte Papa. Dann sagte er mit einem ernsten Gesicht:

„Ach und weil ihr jetzt ja ganz viel Kraft habt, könnt ihr hinten im Garten mal die alten Büsche auf den Komposthaufen werfen. Ich muss mich jetzt ausruhen, da ich keinen Keks bekommen habe.“

Leckerli
UND GESUNDERLI

1. 2 Tassen Haferflocken
2. 2 Bananen
3. 1 Glas Honig
4. Kokosflocken (nach Geschmack)
5. Rosinen oder andere getrocknete Früchte (nach Geschmack)

SÜSS	★☆☆	20 MINUTEN	25 MINUTEN	4 PORTIONEN

1. Den Backofen auf 140°C aufheizen.

2. Die Bananen schälen, schneiden und zerkleinern. In einer anderen Schüssel Haferflocken, Nüsse und Trockenfrüchte mischen. Banane und Honig dazugeben und alles gut vermengen.

3. Backpapier auf ein Backblech legen und die Masse darauf geben und vorsichtig mit einer Gabel auf der Oberfläche verteilen.

4. Anschließend für 20–25 Minuten backen, abkühlen lassen und in Riegel schneiden.

5. In einem verschlossenen Glas aufbewahren.

TRICK OR TREAT
TRICK OR TREAT

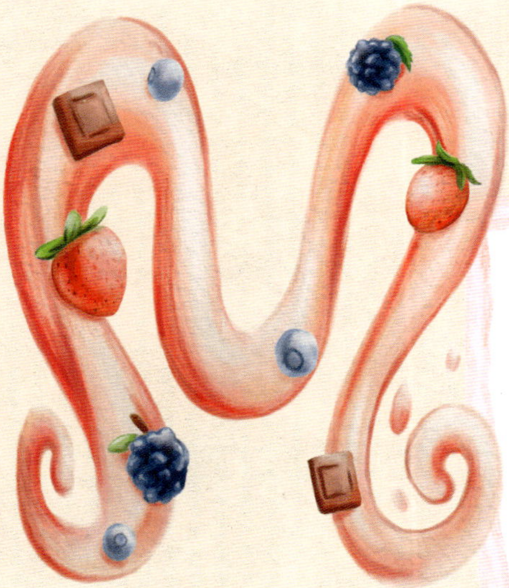

Milchshake
AUS EIS

1. 8 EL Eis (Lieblingssorte)
2. 250 ml Milch
3. 1-2 TL Marmelade, Honig oder Sirup
4. Schlagsahne, Kekse, Früchte oder Beeren zum Garnieren (optional)

SÜSS	★☆☆	10 MINUTEN	0 MINUTEN	1 PORTION

Zubereitung

Eiscreme und Milch mit dem Mixer zu einer gleichmäßigen Masse verarbeiten. Anschließend in ein hohes Glas gießen. Zum Schluss nach Belieben mit Schlagsahne, Sirup, Keksen, Früchten und Beeren garnieren.

Nusskringel

1. 1 Packung frischer Blätterteig
2. 4 EL Quark
3. 2 El Zimtzucker
4. 2 El gehackte geröstete Nüsse
5. 1 Eigelb
6. 1 EL Milch

SÜSS	★★☆	20 MINUTEN	20 MINUTEN	8 PORTIONEN

1. Den Blätterteig auf der Arbeitsfläche ausbreiten. Mit Quark bestreichen, anschließend mit Zimtzucker und Nüssen bestreuen. Die linke Teigseite auf die rechte umklappen und leicht andrücken. Waagerecht 8 Streifen schneiden. Jeden Streifen um die eigene Achse zweimal verdrehen und wie ein Nest zusammenrollen. Die fertigen Kringel auf das mit Backpapier ausgelegte Backblech legen.

2. Als nächstes Eigelb und Milch verrühren und die Kringel damit bestreichen. Dann alles im heißen Backofen bei 180°C Ober- und Unterhitze 20 Minuten goldgelb backen.

Omelette-Roulette

1. 1 Ei
2. 1 EL Milch oder Sahne
3. 30 g Butter
4. 100 g geriebener Käse (am besten Gouda-Cheddar-Mischung)

HERZHAFT	★☆☆	5 MINUTEN	3 MINUTEN	1 PORTION

1. Das Ei in einer kleinen Schüssel verquirlen und mit einer Gabel gut mischen, bis es eine gleichmäßige Farbe bekommt. Dazu Milch geben, salzen und eventuell pfeffern. In einer vorgeheizten Pfanne Butter schmelzen, aber nicht braten!

2. Dann die Eimischung in die Pfanne geben und bei schwacher bis mittlerer Hitze braten lassen, bis die obere Seite nicht mehr ganz flüssig ist. Achtung! Der Eipfannkuchen soll nicht sehr gut durchgebraten sein, am besten ist es, wenn seine obere Seite noch ein bisschen feucht ist.

3. Auf einer Hälfte der Oberfläche des Eipfannkuchens die Käsemischung verteilen und den Pfannkuchen mit der anderen Hälfte zuklappen. Dann noch einmal der Länge nach zusammenklappen, damit eine Rolle entsteht.

4. Die Rolle auf den Teller legen und genießen.

Man kann anstatt Käse auch Pilze, Spinat oder getrocknete Pflaumen nehmen. Zur Käsemischung passt auch eine Knoblauchzehe, wenn du so etwas Scharfes magst.

Pfannküchlein
AUS JOGHURT

1. 1 Tasse Mehl
2. 150 g Joghurt
3. 1 Ei
4. 1 EL Zucker
5. Etwas Milch
6. 1 Prise Salz
7. 0,5 TL Natron
8. Etwas Pflanzenöl (zum Braten)
9. Ahornsirup oder Marmelade (nach Geschmack)

SÜSS	★★☆	10 MINUTEN	15 MINUTEN	8 PORTIONEN

Zubereitung

1. Mehl, Joghurt und Ei zusammenmischen und ein wenig Milch eingießen, bis das Ganze die dicke, aber immer noch flüssige Konsistenz erreicht.

2. Dann Zucker, Salz und Natron dazu geben und weiter mischen.

3. In Pflanzenöl braten. Die erste Seite unter dem Deckel braten, dann umdrehen und ohne Deckel weiterbraten. Anschließend herausnehmen und auf einen mit Küchenpapier ausgelegten Teller legen, damit das überschüssige Öl aufgesaugt werden kann. Heiß mit Ahornsirup, Marmelade oder einfach pur servieren. Kalt sind sie übrigens auch sehr zart und lecker!

Wusstet ihr, dass Milch sauer wird, wenn sie zu lange nicht im Kühlschrank steht? Schütte sie bitte nicht weg, denn sie ist zum Quark geworden! Ihn bekommt man, indem saure Milch durch ein feines Sieb gesiebt wird. Den Quark kannst du dann mit Marmelade zusammenessen und die Flüssigkeit statt Milch für die Pfannkuchenzubereitung nutzen.

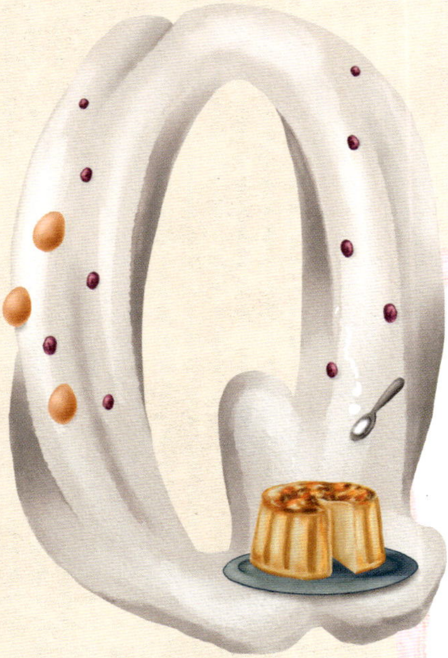

Quarkkuchen
MIT ROSINEN

1. 1 kg Quark
2. 5 EL Zucker
3. 4 EL Grieß
4. 2 EL Mehl
5. 4 EL Butter
6. 2 Eier
7. 0,5 TL Salz
8. 200 g Rosinen
9. 0,5 Packung Vanillezucker
10. 25 g gehackte Mandeln
11. 150 g saure Sahne
12. Etwas Butter (zum Einfetten der Backform)
13. Etwas heißes Wasser

SÜSS | ★★☆ | 30 MINUTEN | 70 MINUTEN | 8 PORTIONEN

1. Quark mit weicher Butter mischen. Eier mit Zucker schlagen. Die Rosinen mit heißem Wasser übergießen, 5 Minuten ziehen lassen, rausnehmen und mit einem Küchentuch trocknen. Als nächstes Quark, Eier, Salz, Vanillezucker, Grieß und Mehl zusammenmischen und glattrühren. Danach die Rosinen einmischen. Alles 10 Minuten ziehen lassen.

2. Die Backform mit Butter einfetten. Die Masse in die Form geben, glätten, die Oberfläche mit saurer Sahne übergießen und wieder glätten, dann mit Mandeln bestreuen. In einem bis 180°C erhitzten Backofen 45 Minuten bis 1 Stunde backen lassen.

3. Abkühlen lassen und den Kuchen (warm oder kalt) anschließend in Stücke schneiden.

Rührei

1. 2 Eier
2. Etwas Pflanzenöl
3. Ein wenig Butter
4. Etwas Dill (frisch)
5. 2 TL Frischkäse
6. 1 Scheibe Käse

HERZHAFT	★☆☆	5 MINUTEN	4 MINUTEN	1 PORTION

1. Eine Pfanne auf den Herd stellen und auf der mittleren Hitze vorheizen. Dann einen Spritzer Pflanzenöl und Butter hineingeben und gleichmäßig verteilen.

2. Die Eier in die Pfanne schlagen, salzen und verquirlen. Nun die Eier für 2 bis 4 Minuten ständig, aber vorsichtig rühren und dabei gleichzeitig die Pfanne schwenken, damit das Rührei eine cremige Konsistenz erhält und nicht brät. Sobald sich die Textur verändert, den Herd ausschalten.

3. Abschließend einen Schuss Frischkäse zum Rührei geben und vorsichtig zusammenmischen. Mit geschnittenem Dill bestreuen, eine dünne Scheibe Käse auf das Ei legen und warten, bis diese schmilzt. Fertig!

Der vertrackte Fahrradfall

„Oliver, kannst du bitte die Einkäufe aus dem Fahrradkorb holen?“, rief Mama Boxwood ihren Sohn, der gerade nach Hause gekommen war.

„Oh Mann, du weißt ja, dass ich kein Glück mit Fahrrädern habe. Vor denen habe ich Angst!“

„Was redest du für Unsinn, Oliver. Wie kann man vor einem Fahrrad Angst haben, wenn es nicht einmal fährt? Das geht schnell, mein Lieber“, antwortete Victoria Rose.

Nur ungern folgte Oliver der Bitte seiner Mutter. Er hatte ja wirklich kein Glück mit Fahrrädern, seitdem er den Wettbewerb verloren hatte. Damals hatte er so eine tolle kleine Schildkröte gesehen, dass sein Fahrrad es nicht überlebte. Erfreulicherweise hatte die Schildkröte mehr Glück.

Nun stürmte Oliver nach draußen zu Mamas Fahrrad, um den Korb zu holen. Als er mit den Einkäufen zum Haus zurücklief, bemerkte er allerdings etwas Interessantes, und zwar eine lustige Spinne in der Ecke. Sie tat so, als würde sie tanzen. Das war wirklich lustig! So kam es, dass er gar nicht gemerkt hatte, wie er plötzlich – wuuusch! – stolperte. Da war es wieder, dieses Gefühl, das einem sagte, wäre ich besser im Bett geblieben und hätte mir die Decke über den Kopf gezogen.

Noch während er diesen Gedanken hatte, entfuhr Oliver ein aus tiefstem Herzen kommendes „Ach du heiliges Karnickel!“

„Du sollst nicht fluchen, Oliver“, rief Mama und sah aus der Tür, während Oliver eine gekonnte Pirouette hinlegte und der Korb mit den Einkäufen ähnlich einer Rakete eine Art Flug um die Erde antrat. Die kleine Spinne machte große Augen und rannte weg.

„Oh Oliver, pass auf die Eier auf!“, rief Victoria Rose. Doch dafür war es viel zu spät. Während Oliver sich wie der beste Torhüter aller Zeiten auf dem Boden abrollte, folgten seine Augen dem Landeanflug des Korbes. Er war nur leider zu weit weg, um ihn aufzufangen. Während die Eierschale laut auf den Boden krachte und knackte, schloss Oliver die Augen und rechnete mit einem Donnerwetter seiner Mutter.

„Und jetzt?“ Ratlos sah er seine Mutter an und rieb sich seinen Hintern, der sich von dem Aufprall etwas komisch anfühlte. Doch was war das? Kein Donnerwetter.

„Na ja“, sagte sie, „du brauchst auf jeden Fall ein paar Tipps, aber nicht zum Fahrradfahren, sondern zur Achtsamkeit. Und jetzt sammelst du alles ein, bringst es in die Küche und statt des Kuchens machst du heute Abend eben selbst Rührei. Du musst ja nur die Schalen vom Ei trennen, gerührt ist es ja schon!“

Schokowurst

MIT CRUNCH

1. 400 g Butterkekse
2. 150 g gemahlene Nüsse (Walnüsse, Mandeln – nach Geschmack)
3. 200 g Butter
4. 150 g Zucker
5. 3 EL Kakaopulver
6. 150 ml Wasser
7. 3 EL Milch
8. 0,5 TL Vanillezucker
9. Wenn der Teig zu trocken wird, kann man noch etwas Milch hinzugeben.

SÜSS	★☆☆	20 MINUTEN	3 STUNDEN	8 PORTIONEN

Zubereitung

1. Kekse mit den Händen in kleine Stücke brechen.

2. 2/3 der Kekse mit einem Stabmixer zu Krümeln mahlen und mit Nüssen vermischen. Das restliche 1/3 der Kekse dazugeben, aber nicht weiter zerkleinen, sie müssen immer noch größer bleiben. Das sorgt später für einen schönen Crunch.

3. In einem Topf Wasser, Milch, Butter, Zucker, Vanillezucker und Kakao verrühren und aufkochen lassen. Zerkleinerte Kekse und Nüsse hinzufügen. Alles glatt rühren und kaltstellen.

4. Die Masse anschließend auf eine Frischhaltefolie geben, eine Wurst formen und in die Folie einwickeln.

5. Die Schokowurst nun für 2-3 Stunden im Kühlschrank lassen.

6. Danach einfach rausnehmen, schneiden und genießen!

Um auf einen Herd zu verzichten, kann man Zucker und Milch durch 250 ml Kondensmilch ersetzen. Dann kann alles ohne Erhitzen gemischt werden!

Tee mit Toast
OHNE TOASTEN

1. 2 Eier
2. 1 Prise Salz
3. 2 TL Zucker
4. Etwas Vanille oder Vanillezucker (optional)
5. 150 ml Milch
6. 0,5 Weißbrot oder 8 Scheiben Toastbrot
7. Etwas Pflanzenöl

Die saftigen Toast sind in 10 Minuten zubereitet. Einfach, schnell und sehr lecker! In Frankreich werden sie "Croutons" genannt, in Österreich "Pafase" und in Deutschland "Arme Ritter".

1. Eier, Zucker und Salz in einer Schüssel verrühren. Milch hinzufügen und alle Zutaten miteinander vermischen. Gut umrühren, damit sich der Zucker auflöst und sich nicht am Boden absetzt.

2. Brot in 1-1,5 cm dicke Scheiben schneiden (oder ein fertig geschnittenes Toastbrot verwenden).

3. Jedes Stück auf beiden Seiten in die Milchmischung eintauchen, sodass es gut gesättigt, aber nicht durchnässt ist.

4. Ein paar EL Pflanzenöl in einer heißen Pfanne erhitzen und die Brotscheiben hineinlegen. 1-2 Minuten auf jeder Seite braten (bis sie goldbraun sind). Auf einen mit Papiertüchern ausgelegten Teller legen, um überschüssiges Öl zu entfernen.

Terrassentee

Wie viele leckere und gesunde Dinge gibt es im Obstgarten! Und aus den Kräutern, die im Garten wachsen, wird ein wunderbares Getränk gewonnen, das so angenehm auf einer Terrasse oder einem Balkon getrunken werden kann.

1. 400 ml Wasser
2. 1-2 TL schwarzer Tee
3. 4 Blätter schwarzer Johannisbeere
4. 2 Himbeerblätter
5. 3 Minzblätter

Optional sind 0,5 TL Kamille oder 2 Blätter Sauerkirsche. Wenn es ein paar Beeren gibt - auch rein damit!

HERZHAFT	★☆☆	10 MINUTEN	10 MINUTEN	8 PORTION

Zubereitung Tee

Die Blätter zerkleinern und mit den Beeren zerdrücken. Mit kochendem Wasser übergießen und 5 Minuten ziehen lassen.

Das Brot für die Toasts kann sowohl frisch als auch bereits angetrocknet sein.

Marmelade eignet sich perfekt für die saftigen Toasts. Oder auch Gelee, zum Beispiel Johannisbeergelee von der Seite 52.

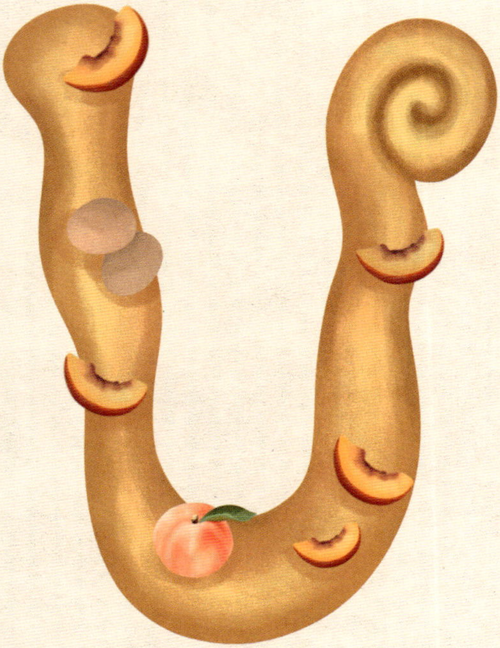

UNWIEDERSTEHLICHE

Muffins

1. 125 g weiche Butter
2. 125 g Zucker
3. 1 Prise Salz
4. 3 Eier
5. 150 g Mehl
6. 1 Messerspitze Backpulver
7. 25 g Schoko-Tropfen
8. 12 Aprikosenhälften (aus der Dose)

SÜSS	★☆☆	20 MINUTEN	30 MINUTEN	12 PORTIONEN

1. Butter, Zucker und Salz cremig schlagen. Eier nacheinander unterziehen. Mehl und Backpulver mischen und dazu sieben. Schoko-Tropfen dazu geben. Alles zu einem Teig verrühren und in Muffinförmchen verteilen, die Aprikosenhälften oben auflegen.

2. Im vorgeheizten Backofen bei 175°C Ober- und Unterhitze 30 Minuten backen.

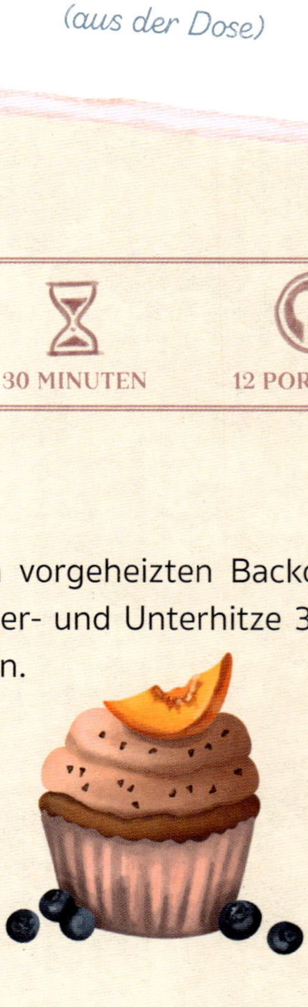

GOD BLESS
OUR HOME

Vitaminbombe

1. 3 Karotten
2. 2 Orangen
3. 1 Zitrone
4. 500 ml Wasser (oder nach Geschmack)
5. Eiswürfel

SÜSS	★☆☆	15 MINUTEN	0 MINUTEN	4 PORTIONEN

Jeder Hase weiß: Karotten sind gut für die Augen! Besonders gut schmecken sie aber, wenn man sie mit gesunden Orangen zusammenmischt. Und Zitrone hat eine Extraportion des Vitamins C. Alle drei zusammen werden zu einer leckeren Vitaminbombe.

Wenn du den Geschmack oder Geruch von Karotten nicht magst, solltest du die geschälten Karotten einfrieren. Bevor du dann den Saft vorbereitest, einfach die Karotten rausnehmen und etwas antauen lassen, dann wie gewohnt zubereiten.

Zubereitung

1. Karotten putzen, schälen und in Stücke schneiden. Orangen und Zitrone putzen, schälen, entkernen und die weiße Haut gut abtrennen, damit der Saft nicht bitter wird. Alles in Stücke schneiden.

2. Mit einem Pürierstab pürieren, bis die Konsistenz des Getränks flüssig wird und keine großen Klumpen enthält. Oder einen Entsafter verwenden.

3. Die Masse anschließend durch ein feines Sieb passieren und das Fruchtfleisch gut ausdrücken. Mit Wasser verdünnen.

4. Wenn der Saft zu dick ist, noch etwas mehr Wasser hinzufügen. Wenn der Saft zu sauer schmeckt, schadet ihm etwas natürliches Süßungsmittel nicht.

Am liebsten mit Eiswürfeln und sofort servieren oder im Kühlschrank aufbewahren und im Laufe des Tages genießen.

Waffeln

Für die Waffeln:

1. 250 g Margarine
2. 200 g Zucker
3. 6 Eier
4. 1 Prise Salz
5. 2 TL Backpulver
6. 500 g Mehl
7. 500 ml Milch
8. 2 TL Vanilleextrakt
9. Je nach Waffeleisen: Etwas Speiseöl zum Bestreichen

SÜSS	★★☆	20 MINUTEN	30 MINUTEN	6 PORTIONEN

Für den Belag:

1. 1 Glas Sauerkirschen/ Schattenmorellen
2. 2 EL Stärke
3. 250 g frische Sahne (gut gekühlt)
4. 1 Päckchen Vanillezucker

Zubereitung

1. Die Margarine und den Zucker in eine Schüssel geben und mit dem Mixer cremig rühren. Dann nach und nach die Eier untermixen.

Zubereitung

2. Das Mehl mit dem Salz und dem Backpulver in einer anderen Schüssel mischen und anschließend löffelweise unter die aufgeschlagene Margarine rühren. Zum Schluss schrittweise Milch und Vanilleextrakt unterrühren.

3. Das Waffeleisen vorheizen und je nach Beschichtung dünn mit etwas Speiseöl einstreichen. Nun eine Portion Teig auf das Eisen geben und es verschließen. Die meisten Waffeleisen haben ein Licht, das anzeigt, wenn die Waffel durch ist. Jetzt das Eisen vorsichtig öffnen und die fertige Waffel mit einer Gabel herausnehmen.

4. Die Kirschen mit dem Sieb abgießen, die Flüssigkeit dabei in einem Topf auffangen. Nun etwas von der Flüssigkeit nehmen und in einem Mixbecher mit der Speisestärke zu einer glatten Flüssigkeit schütteln. Den Rest auf dem Herd erhitzen und die angedickte Flüssigkeit mithilfe des Schneebesens unterrühren. Die Masse kurz aufkochen, dabei wird sie dicker. Nun die Kirschen aus dem Sieb dazugeben und das Ganze nochmal kurz erwärmen.

5. Die gut gekühlte Sahne mit dem Mixer in einem hohen Becher anrühren, nach kurzem Rühren den Vanillezucker hinzugeben. Nun die Sahne vorsichtig steif rühren, aber nicht zu lange, damit keine Butterstückchen entstehen.

6. Die Waffeln mit den warmen Kirschen und der Sahne genießen!

Wenn Waffeln übrig bleiben, kannst du sie prima einfrieren und im Toaster frisch aufbacken! Du kannst das Rezept aber auch problemlos halbieren.

XXL-Spiegeleier

1. 1 Päckchen frischer Blätterteig
2. 1 Dose Pfirsichhälften (410 g)
3. 1 Eigelb
4. 1 EL Milch
5. 250 g Puderzucker
6. 1-2 EL Zitronensaft

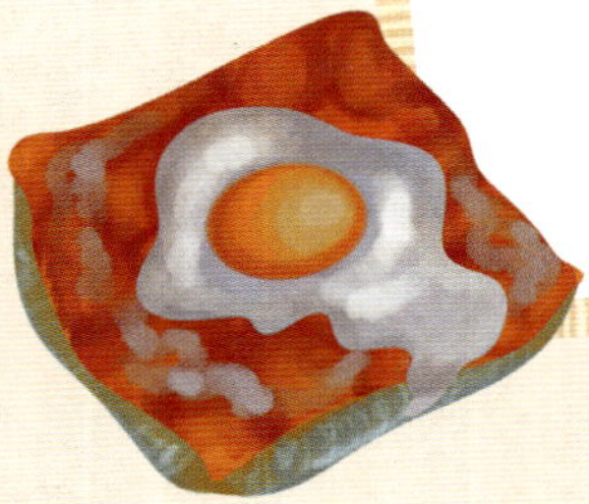

SÜSS	★☆☆	10 MINUTEN	20 MINUTEN	4 PORTIONEN

1. Blätterteig auf der Arbeitsfläche ausbreiten. Daraus Vierecke (ca. 12 x 12 cm) schneiden und auf das mit Backpapier ausgelegte Backblech legen.

2. In die Mitte der Vierecke eine Pfirsichhälfte mit der Wölbung nach oben legen.

3. Ei mit Milch verrühren und den Teig damit bestreichen.

4. Im auf 200°C vorgeheizten Backofen 20 Minuten backen.

5. Herausholen und abkühlen lassen. Anschließend Puderzucker und Zitronensaft cremig rühren und als „Eiweiß" um die Pfirsiche ringsum gießen.

Yummy Klöße
MIT APFELMUS

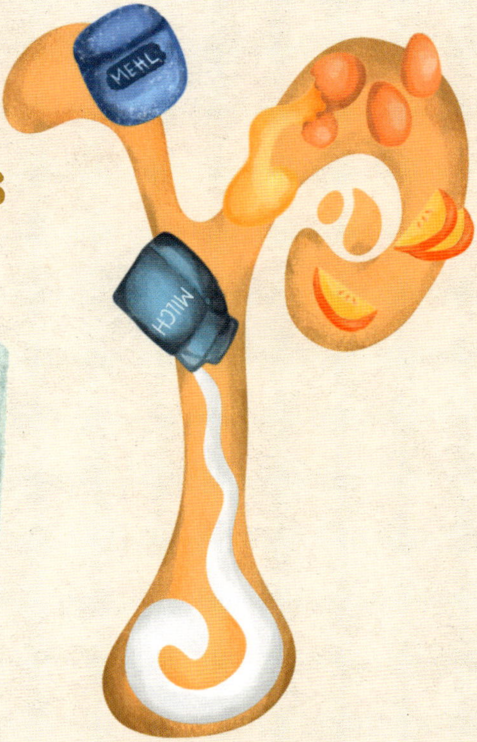

Zutaten Mehlklöße

1. 500 g Mehl
2. 2 Eier
3. 2 TL Salz + etwas für das Kochwasser
4. 1 Prise Muskatnuss
5. Etwa 150 ml Milch

SÜSS	★★★	20 MINUTEN	15 MINUTEN	6 PORTIONEN

Das ist ein Gericht, das ich bereits aus meiner Kindheit kenne. Ich kenne es von meiner Mama, und sie – von ihrer Mama, und ihre Mama – von ihrer Mama, ganz bestimmt. Also, sehr viele Mamas sind im Spiel. Man braucht etwa 20 Minuten, um es zuzubereiten. Zuerst bereiten wir das Apfelmus vor und dann die Klöße.

Machen wir den größten Kloß
auf der nächsten Seite. Los!

Zubereitung Klöße

1. Mehl, Eier, Salz und Muskatnuss in eine Schüssel geben und dann mit dem Mixer nach und nach die Milch unterrühren. Zum Schluss den Teig noch mit der Hand glattkneten. Anschließend mit den Händen etwa walnussgroße Klöße aus dem Teig formen und diese nebeneinander auf einen großen Teller legen.

2. Als nächstes in einem Topf das gesalzene Wasser zum Kochen bringen. Ganz vorsichtig die Klöße in das Wasser geben.

3. Mit der Schaumkelle den möglicherweise am Topfboden festklebenden Teig lösen. Die Klöße kurz kochen lassen. Wenn sie an der Wasseroberfläche schwimmen, mit der Schaumkelle aus dem Topf nehmen und in eine Schüssel geben.

4. Deine Mehlklöße zusammen mit dem schon bereits gemachten Apfelmus genießen!

Auch lecker sind zu den Mehlklößen gewürfelte und mit Zwiebeln angebratene Brötchenwürfel oder angebratene Speckwürfel.

Zubereitung Apfelmus

1. Die Äpfel schälen, achteln und das Kerngehäuse herausschneiden. Braune Stellen ebenfalls entfernen.

2. Im Kochtopf den Zucker schmelzen, bis er nach ca. 2 Minuten flüssig wird und karamellisiert. Nun die Apfelspalten dazugeben. Die Hitze jetzt runterdrehen und so lange rühren, bis sich der karamellisierte Zucker vom Topfboden löst.

3. Den Apfelsaft und den Zitronensaft dazugeben und die Äpfel für ca. 10 Minuten kochen, bis sie weich sind. Dabei zwischendrin ein paar Mal umrühren.

4. Mit dem Kartoffelstampfer die Äpfel anschließend zu Mus verarbeiten und es ganz nach Geschmack mit weiterem Zucker sowie mit Zimt oder mit Vanilleextrakt abschmecken.

Zutaten Apfelmus

1. 2 kg Äpfel
2. 2 EL brauner Zucker
3. 250 ml Apfelsaft
4. 1 EL Zitronensaft
5. Weiterer Zucker nach Geschmack

Varianten:

1 TL Zimt oder

1 EL Vanilleextrakt

Zimtschnecken

Zutaten für die Füllung

1. 50 g Butter
2. 2 TL Zimt
3. 60 g brauner Zucker

SÜSS | ★★★ | 30 MINUTEN | 70 MINUTEN | 10 PORTIONEN

Zutaten für den Teig

1. 1 Würfel frische Hefe
2. 30 g weißer Zucker
3. 30 g brauner Zucker
4. 200 ml Milch
5. 500 g Mehl (und etwas Mehl zum Ausrollen)
6. 80 g Margarine (und etwas Margarine zum Ausstreichen)
7. 1 Ei
8. 0,5 TL Salz
9. 0,5 TL gemahlener Kardamom

Zubereitung

1. Die Milch vorsichtig in einem Topf erwärmen, bis sie lauwarm ist. Dann den Topf vom Herd nehmen, den Hefewürfel und Zucker in die Milch geben und mit dem Schneebesen rühren, bis sich die Hefe aufgelöst hat.

Zubereitung

2. Das Mehl mit der Margarine in eine große Schüssel geben und die lauwarme Milch dazu schütten. Außerdem noch das Ei, das Salz sowie den gemahlenen Kardamom dazugeben. Nun alles mit dem Mixer zu einem glatten Teig verkneten.

3. Danach die Schüssel mit einem Tuch abdecken und an einen warmen Ort stellen. Der Teig muss nun etwa 40 Minuten gehen, dabei wird er größer. Zwischenzeitlich den Topf abspülen und die Auflaufform mit etwas Margarine einstreichen.

4. Auf dem Herd die Butter vorsichtig in einem Topf schmelzen. Zucker und Zimt derweil in einer kleinen Schüssel mit einem Löffel verrühren.

5. Den Teig nun auf eine mit Mehl bestreute Arbeitsfläche schütten und noch etwas Mehl dazugeben, damit dein Teigroller nicht festklebt. Nun den Teig auf eine Größe von etwa 30 cm x 40 cm ausrollen. Jetzt mit dem Pinsel die flüssige Butter aufstreichen und die Zimt-Zucker-Mischung darauf verteilen.

6. Den Teig von der breiten Seite aus aufrollen. Mit dem Messer ca. 3 cm breite Scheiben abschneiden und dicht aneinander in die Auflaufform legen.

7. Anschließend die Form auf den Backofenrost in die Mitte des kalten Backofens stellen und diesen auf 200°C Ober- und Unterhitze einstellen. Die Schnecken für 25 – 28 Minuten backen.

Am besten schmecken die Zimtschnecken noch warm!

Der lebende Teig

Emily Boxwood wollte unbedingt die köstlichen Zimtschnecken ihrer Mutter naschen. Das wollte sie so sehr, dass ein Finger ihrer Pfote wie von selbst im Teig landete, um wenigstens ein bisschen aufzuschaufeln und es gleich in den Mund zu stecken.

„Sei vorsichtig mit dem Teig, Liebes!“, rief Mama Victoria Rose. „Lass ihn bitte in Ruhe, er muss noch aufgehen!“

„Wie, aufgehen, Mutter?“, wunderte sich Emily. „Ist er jemals runtergegangen? Ist er etwa lebendig?“

„Nun, nicht wirklich“, antwortete Mutter Boxwood, „aber man kann ihn zum Leben erwecken.“

„Oh Mama, schau! Irgendetwas passiert mit dem Teig! Er blubbert! Von selbst!“, rief Emily und machte große, runde Augen. Mama lachte.

„Das ist es ja, was ich sage, der Teig wird durch die Hefe zum Leben erweckt: Er geht auf, also er wird größer und auch luftiger. Das Wichtigste ist, dass er schön warm bleibt, damit die Hefe besser arbeiten kann. Er muss auch in Ruhe gelassen und darf nicht angefasst werden.“

„Und warum wird der Teig luftig, wenn die Hefe arbeitet? Was ist das überhaupt, Hefe?“

„Das sind ganz winzig kleine Pilze“, erklärte Victoria Rose. „Sie werden in den Teig eingepflanzt, vermehren sich und atmen Luft in den Teig aus, so arbeiten sie. Das ist der Grund, warum der Teig aufgeht und deine Lieblingsschnecken so luftig und zart werden.“

„Ich verstehe.“ Emily nickte, sie war sehr verständig. „Jeder muss arbeiten, damit etwas Lohnendes entsteht. Wenn ich groß bin, will ich auch arbeiten. Und dann wird mir bestimmt auch alles so gut gelingen wie der Hefe mit dem Teig!“

DAS KAROTTENLIED

Hasen mögen die Karotte,
Küken essen die Schalotte.
Und die kleine süße Maus
findet immer ihren Schmaus.

Jedes Tier hat, was es liebt,
sei es lieb, sei es ein Dieb.
Eins für dich und eins für mich:
Keinen lassen wir im Stich.

Alles schmeckt natürlich fein,
nun verrat ich was geheim':
Hin und her und her und hin
ist Möhre wie Karotte drin,
und für mich macht das viel Sinn,
weil ich doch ein Hase bin!

Mitwirkende

Lia Losada ist eine leidenschaftliche Bloggerin, Rezeptautorin, Fotografin. Mit kinderfreundlichen Backtipps und einfachen Rezepten unterstützt sie Erwachsene und ihre Minis dabei, ansprechende Backwerke zu backen – ganz einfach und ohne Stress! Ihre süßen Rezepte setzt sie gern mit (Klein-)Kindern kreativ um.

Sie entwickelt kinderleichte und gelingsichere süße Backrezepte, die sie auch immer kreativ umsetzt. Auf ihrem Blog "Backen mit Minis" backt sie seit mehreren Jahren mit ihren Minis süße, kunterbunte Rezepte, die das Kinderherz höher schlagen lassen. Mittlerweile findet man dort über 200 bunte und einfache Rezepte, Backtipps für das Backen mit Kindern und Produkte, die das Backen mit Minis einfacher gestalten.

www.backenmitminis.de

Karina Weißflog ist eine begeisterte Köchin und Mama von drei Jungs. Auf ihrem Blog teilt sie ihre originellen, aber einfachen Rezepte von wunderbaren Gerichten für die ganze Familie, die Kindern und Erwachsenen sehr gut schmecken. Natürlich, gesund und lecker!

Instagram: karinas_gesunde_familienkueche

Holly Pond Hill

WEIHNACHTEN IN HOLLY POND HILL

Liebevoll illustrierte Wintergeschichten, zum Lesen und Vorlesen, werden zu einem besonderen Erlebnis für die ganze Familie und bringen uns die Weihnachtszeit näher. Durch die sieben Kapitel kann man den köstlichen Duft der selbstgemachten Schokolade riechen, von alten Weihnachtstraditionen träumen, fröhliche Lieder zusammen singen und vieles mehr. Die beigefügten neuen lustigen Weihnachtslieder zum Anhören bringen zusätzlichen Spaß, ob es dabei um „Die Hasenbäckerei“ oder rund um den Tannenbaum geht.

DIE WALDFIBEL

Lustige Geschichten lesen, interessante Fakten über den Wald und seine Bewohner kennenlernen, geheimes Naturwissen erfahren und viele Tipps für den nächsten Wandertag sammeln – all das bringt mit der “Waldfibel” extra Spaß. Neben Beeren, Pilzen und Bäumen entdeckt ihr leckere Rezepte und lustige Spiele für Groß und Klein.

Mit zahlreichen, zauberhaft nostalgischen Illustrationen von Susan Wheeler.

DAS GARTENBUCH

„Das Gartenbuch“ vereint spielerisch Gartenwissen, Geschichten und Anleitungen zum Basteln und Kochen. Im fliegenden Wechsel folgen die LeserInnen dem Geschehen rund um die Familie Boxwood, entdecken neue Pflanzen und Tiere und bekommen gleichzeitig viele leckere Rezepte und spannende Basteltipps erklärt. Der interessante Inhalt wird durch die großartigen Illustrationen der berühmten Künstlerin Susan Wheeler ergänzt. Die Vorfreude auf die Gartensaison ist gesichert!

STICKERBUCH „HOLLY POND HILL“

Kreativ sein: ausmalen ~ aufkleben ~ lesen ~ spielen ~
eine eigene Welt erschaffen!

Alle Bücher und Geschenkartikel der Reihe "Holly Pond Hill" im Webshop **www.wunderhaus-verlag.de** und in Ihren Buchhandlungen!

KÜCHEN ABC

Das Kochbuch für Kinder

Bilder von Susan Wheeler

Rezepte A, B, F, G, H, J, K, L, M, O, P, Q, R, S, T von **Marianna Korsh**
Rezepte B, W, Y, Z von **Karina Weißflog**
Rezepte C, D, E, I von **Lia Losada**
Rezepte N, U, X von **Irina Frank**
Texte DER VERTRACKTE FAHRRADFALL, SÜß ODER NICHT SÜß?, DAS IGELDENKMAL, IMMER DIESE ORDNUNG! von **Detlef Rohde**
Texte EIN KÖSTLICHES GEHEIMNIS, WARNUNG, QUARKBÄLLCHEN, DIE GRÜNE GESCHICHTE, DIE GEFAHR IN DER STADT, DER LEBENDE TEIG, EINE ERDBEERE, DAS KAROTTENLIED von **Marianna Korsh**

Zusatz-Illustrationen von Maike Klein, Anna Johanning und aus Stock-Illustrationensammlungen.

Nach einer Idee von Marianna Korsh
Lektorat: Hannah Koinig
Korrektorat: Hannah Koinig, Isabell Haber
Design, Satz und Layout: Marianna Korsh

Gedruckt in der Druckerei PNB Print, Lettland, EU
ISBN 978-3-96372-247-9

Wunderhaus

BE MINE